가장 긴 말

모아드림 기획시선 148

가장 긴 말

신표균 시집

모아드림

■ 시인의 말

느린 보폭으로 걸어오고 있는 13월의 태양을 바라보며
어느 하늘에 주파수 맞추어 새 노래를 불러야 하는가
나의 노래는 어디에서 작곡이나 되고 있는지
이승에서 부를 가장 긴 노래는 언제쯤 완성이……
바람결에 소리 없이 허공에 떨어지는 별 하나 주워
그리움 저 끝에 심어볼까

내가 버린 나를 찾아 문장기호의 유적지를 얼마나 더
헤매야 하는지. 이쯤에서 이정표 하나 세워야 하는 걸까?
끝나지 않는 물음, 이제 저녁노을 한 장 예쁘게 오려내어
편지를 쓰자

하늘이 보존등기하기 전에 영원히 끝나지 않는
한 획의 기호로 긴 말의 그리움이면 될 터
가장 짧은 글로 가장 긴 말을

2014년 가을
신표균

차례

제1부

제2부

제3부

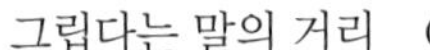

제4부

■ 해설

1부

가장 긴 말

짧으면 석 달 길면 여섯 달
시한부 신경암 환자가
허파로 숨쉬는 이승에서 토해낸
네 마디 말

"좋아"

"좋아요"

"좋습니다"

"참 좋습니다"

'아빠' 말밖에 모르는 세 살 딸, 두 살 아들과
놀이동산 마지막 나들이에서
회전목마 타는 모습
이동침대에 누운 채 물끄러미 바라보다
한 말

링거에 매달려 하루하루
밤낮이 바뀌어도 한 마디도 없던 그가
저승까지 품고 갈 세상에서 가장 긴 말을 눈에 담는다

대답인지 응석인지
"아빠" "아빠" 철부지들 목소리 커지는데
점점 내려앉는 아빠 눈꺼풀

애筍

봄 햇살 사이로
젖 빠는 힘 다해 솜털머리 고물고물
지구보다 무거운 하늘 밀어 올리는 애송이들

탯줄 자르기 전에
양수도 마르기 전에
싹둑!
단두되어 나뒹구는 수급
미처 눈에 담아보지도 못한 파란 하늘

푸른 피 한 방울 마를 틈 없이
날선 칼날에 외마디 비명조차
건조한 유언으로도 남기지 못한
애筍

검은 비닐봉지 안에서
침묵의 봄이 장송된다

먼 곳에 있는 친구여

하늘 구석구석 우주정거장 생겨나더니
길을 잃었는가
유비쿼터스 세상 굳이
한 곳에 몸 맡겨 살
까닭 찾지 못해서인가
만날 수 없는 것은

인터넷 때문인가, 자네 모습
휴대폰 때문인가, 자네 음성
보고 들을 수 없는 것은

내 먼저
길 막다른 곳
휴대폰 터지지 않는 곳에 가서
거미줄 쳐진 오두막집 들어
석유등잔 못 찾으면 겨우
반딧불 하나 켜 놓고 있을 테니

내비게이션 없이
터벅터벅 걸어서 오게나
턱수염 덥수룩한 채, 불쑥

먼 곳에 있는 친구여

리모델링 중

심장이 멎자, 박동 그래프가 평행선 긋고 따라간다
왼쪽 가슴에선 피 끓는 소리 대신
차가운 기계음이 사그락 사그락
강 약 약, 중강 약 약
싸늘한 삼박자로 연주를 시작한다
옻칠한 오동나무 외투 걸치기 직전
최후의 법정 향해 미끄러져 가던 사자
침상에서 벌떡 일어나 뚜벅뚜벅 걸어나온다
인공심장.
숨 가쁜 망치질로 좌심실 리모델링 중이다
냉가슴 속에 불 지피는 하트메이트*
허리춤에 찬 권총 방아쇠 잡고
목숨 건 혈투 벌이고 있다

* heart mate : 인공심장 이름. 심장의 좌심실 박동을 대신하여줌.

방부제 드셨나 봐요

'방부제 드셨어요'
멋 좀 낸다는 언니들 요즘 가장 듣기 좋아하는 말
방부제 화장품 퇴출운동에 선봉장이던 그녀들
생뚱맞게 방부제를 애타게 찾고 있다니
성형외과 의사를 동창보다 더 자주 만나면서
'땡김이' 그거 있잖아 하하 따라 웃다가
입가 주름 볼 잡아당기고
눈 처질까 양 손가락 화들짝
얼굴 끌어올리는 모습이라니
인조인간 아냐
보톡스보다 비싸다는 안티 에이징
'젊음의 샘물' 얼굴에 바르면
나이 붙들어 매고 피부 썩지 않게 하고
성형미인 아니라는 보증이라도 서주는 걸까
관에 누워 진짜 방부제로
화장할 때까지
'방부제' 계속 드실 건가요

수평으로 질주하는 소낙비

수직적 사고로 일관된 삶을 살아온
소낙비의 줄기찬 생각이 일순 바뀌었다
콘크리트빌딩 슬래브 지붕에서나 아스팔트 바닥에
온몸 부숴지기는 매양 한 가지
골기왓장 미끄럼 타다 무릎 깨지기 일쑤인 외곬,
아니면 박쥐우산 살 끝에서 나뒹굴어 져야 하는
고통의 삶에 회의를 갖게 된 것이다
하필이면 위에서 아래로 떨어지기만 하는
나락의 생을 되풀이해야 할 까닭이 무엇인가
문득 곤두박질만 칠 것 아니라
사람 사는 흙탕물 휘젓고 시원하게
한 번 달려보고 싶어진 것이다
수직 낙하가 아니라 수평으로의 질주
쏜살같이 지나가는 KTX에 날렵한
투우사처럼 히치하이크 한 그
선로와 열차가 나란히 달리는 것을 보며 악상樂想을 떠올린다
차창에 주룩주룩 오선을 긋는다

동동동 음표 뿌리는 빗방울
애수의 소야곡으로 변주된다
빗금으로 날아 밤의 심장 관통하려
수평으로 질주하는 소낙비
주룩주룩 차창에 내린 밤 씻어 내리고 있다

슈퍼 문 바라보네 아득한 그 길

흘러가는 구름에 다시 스밀 수 없어도
구름 좇는 일 멈추지 않는 보름달

엄지와 검지 한껏 뻗쳐
하늘 끝까지 달려가 보지만
보름달 더는 따라가지 못하네

타원형 궤도 따라
때로는 가까이, 때로는 멀리
맴돌아 허공만 재봉질할 뿐

그리움과 거리는 비례한다는 믿음으로
달의 길도 닳기나 할는지
슈퍼 문* 바라보네 아득한 그 길

* Super moon, 지구에서 가장 가까워진 거리(35만7205km)에서 보는 가장 큰 보름달.

스핑크스의 침묵

쌍꺼풀 눈 오똑한 코 V턱 수술로 문전성시 이루던 이름난 성형외과가 폐업을 했다 당뇨병 고혈압 심장병 환자들의 발길이 뚝 끊기고 암 병동이 사라졌다 산부인과의 임신중절 논란도 태아 성별 감정 시비도 전설이 됐다 건강 외모 지능을 두루 갖춘 주문형 맞춤아기가 인간 공장에서 쏟아져 나온다 조물주로부터 사람의 손에 넘겨진 인체 게놈 지도의 완성, 스핑크스가 침묵*을 끝냈다 인류는 양로원 울타리 뛰쳐나와 불로장생의 지옥으로 달려가고 있다

* 게놈 지도가 완성된 뒤 유전자 전체 기능의 수수께끼가 밝혀질 때까지의 기간.

슬로시티

덜커덩 덜커덩
세종로 네거리 황소가 달구지 끌고 간다
쿵덕쿵덕
청계천 수중보 무너미에 물레방아 돌아간다
닷새마다 서는 동대문 밖 장터
자전거 페달 힘겹게 밟아가는
갓 쓴 할아버지 안장 뒤엔
막내 손주 운동화 한 켤레
대롱대롱 재롱 떤다

소낙비가 쏟아진다
허둥지둥 너도나도 주먹 쥐고 흩어진다
휑해진 장터
느릿느릿 바쁠 것 하나 없다는 황소,
굳이 뛰어서 앞서 가는 비 먼저 맞을 까닭이 무어냐며
왕방울 눈알 껌뻑껌뻑
담쟁이 칡넝쿨 달려가는 것 보았는가
뛰지 않아도 스럼스럼 높은 담장 넘고

굴참나무 정수리 거뜬히 올라서지 않던가

세종로 네거리에서 소달구지 타고
주먹밥 먹으며 동대문 장터 한 바퀴
휘돌아보고 싶은 너는
UFO 타고 온 외계인이냐?

이름

손수 빚은 토우土偶에게 하느님이
아담*이라 불러주었을 때
사람은 비로소 사람이 되었다
김춘수는 꽃을 불러 꽃이 피게 했다
할미꽃은 이름 때문에 태어나면서 할미가 되었지만
'김 텃골돌샘터씨네' 같은
쉼표 찍고 불러야 할 긴 이름도 생겨났다

산부인과 영아실 베드에
갓난아기 첫 울음소리 들리기도 전
이름표가 먼저 자리 차지하고
도리도리 응석부리기 시작한다

일생 이름 휘날리면서 이름 값 못해
회색 담장 안에 갇힌 잿빛하늘 한 조각 머리에 이고
푸르스름한 유니폼 가슴에 달린 번호표에
질질 끌려 다니는 유인원도 있다

숫자나 기호가 권좌에 앉아 세도 부리며
하늘에 탑 쌓고 길 닦아
우주 호령하는 디지털 시대

부르다가 내가 죽을 석 자
이름 하나 새겨 놓지 못하면
납골당 명패인들 번호표 위세에 눌려
숨 한번 크게 쉴 수 있을까
고故 학생부군 신위는 향내음이나
제대로 맡을 수 있을는지

* 히브리어로 '사람'이란 뜻.

종착역엔 사랑이 살고 있다

삼백오십 여 임종을 지킨 호스피스
하얀 시트마다 애벌레의 꿈을 심는다
간 쓸개 모두 떼어준 유충들
꼭 꼭 숨겨둔 사랑 ∞ 속에 담아
흰배추나방 되어 훨 훨 나는 꿈을 꾼다

연인들 하나 둘 떠나가고
어둠은 발자욱 지우며 외로움 쓸어내지만
전나무 가지 끝에 매달려
바람의 심장 속을 맴돌던 밀어 한 마디
끝내 떠나지 못하고
저무는 플랫폼 벤치에 내려앉아 사랑을 쓴다

저만치서 멀뚱한 시그널
기차 떠난다고 파란불 다시 켜면
애벌레의 꿈도 깨어나 훨 훨 날아오를 테지
종착역엔 사랑이 살고 있다

하늘도 가을엔 저녁노을 한 장에 편지를 쓴다

시가 음악을 사랑하여
시월이 태어나는가 싶더니
어느새 갈 길 서두르는 변심한 잎새들
다투어 마지막 편지를 쓴다
사연이야 빛깔 따라 저마다이겠지만
멀찍이 지켜보기만 하던 가을하늘
오늘은 저녁노을 한 자락 예쁘게 오려 답장을 쓴다

'너무 서둘지 말게나
하늘은 아직 푸르고
하늘도 사고파는 부동산 시대니
보존등기라도 해두면!……'

가을편지 수취인은 누구일까
사연 아랑곳없는 딱따구리
밀려드는 가을 잎새에 일부인만 연신 찍어댄다

혼자서 걸어가는 달

비가 와도
달은
구름 속을 거닐다가

산 그림자 강 건너 듯
구만리 중천을 건넌다

구름의 시간을 산책하면서
닿을 수 없는
그만큼의 간격으로

해를 품는 달
저문 하늘을
혼자서 걸어가고 있다

광중壙中

조명은 꺼지고 소란스러웠던 무대
막이 내렸다
조금 덜 닫힌 커튼 틈새로 삐져나오는
한 가닥 불빛 다시
암전,
눈길 한번 줄 수 없는 숨 막히는
일인 무대
음습한 황토 냄새 막힌 코끝 잠시 뚫어줄 뿐
하늘 향해 반듯하게 누운 부동의 마임
끝내 휑뎅그렁해질 눈 한 곳에 꽂혀 있는 정지된 표정
적막이다
여행 끝 영원히 닫힐 제2막의 무대 빼꼼히
일인 마임의 주인공 누워 있는
칠성판
고작 반 평이다

비슬산 진달래, 지금 열애 중

겨울 눈 속에서 무슨 짓 하다가
화들짝 알몸으로 뛰쳐나온 거야
천 년 전 천왕봉 떠나셨던 부처님이
부르시기라도 한 거야, 대견사 중창 소식을 들은 거야
동면의 밤 얼마나 뜨거웠으면
그 눈 다 녹이고서도
온몸 벌겋게 덴 자국투성이야
매화가 훔쳐보기라도 했어?
아님 산수유에게 들킨 거야?
철쭉과 눈 마주칠까 민망해하는
저 눈꼬리 하고는
아직도 이글거리고 있는 저 농염한 얼굴 좀 봐
비슬산 신방 흰 커튼 아직 걷지 않은 동굴에라도 들어가
불에 그을린 얼굴 화장 좀 고치고 나와
핑크빛 화관, 연두색 드레스 준비해 놓을 테니
꽃단장 하고 어디 하늘 한번 유혹해 봐

저문 계절 하늘은 꽃피우고

잎 떨군 나무
곡기 끊은 여윈 억새
가시바람에 소름 돋는 저문 계절에
하늘은 밤새워 새 꽃을 피운다
철 따라 피어나던 자랑
철 없이 피어나던 시샘
모두 자취 감춘 그곳에
천지의 생령들 숨어 만나
높은 산 낮은 들 차별 없이
점점분분 정령의 꽃 피우고 또 피운다
조릿대 늘 푸른 잎에 묻은 작은 허물 덮어주고
천년 주목 갈라진 명에 켜켜이 틈새 메워
눈부신 야회복 하늘 아래 벗어 놓는 날
핑크빛 수줍은 유혹인들 저만치 고울까

마지막 수업

슬픈 별들 바다로 쏟아지던 날
진도 앞 바다는 요동쳤고 태양은 빛을 잃었다

십 센티미터 앞도 보이지 않는 흑암 속
모든 길은 '세월' 의 두꺼운 철벽에 갇혀
바다 밑으로 침몰하는 순간
애오라지 눈 먼 한 길 꿈결에 움켜잡고
심장으로 부르는 마지막 절규
엄마—!

저 먼저 도망칠 길 막힐까 선실에 아이들 가둬 놓고
"꼼짝 마!"
악마의 미소 숨긴 채 속옷 바람으로 뺑소니 친 선장의 그 길은
마지막 수업 시간에 가르치는
어른들만의 길인가요

하늘도 땅도 통곡의 바다로 모인 이 잔인한 4월엔

꿈결 밖에는 길이 없는 건가요
꿈결이라도 좋으니 돌아오라는 말 대신
보이지 않는 길을 열어주세요

바닷물에 번져가는 이름
한 사람 한 사람 출석 불러주세요
선생님……

제2부

그대 아직 순례자의 꿈꾸고 있는가

낙타 발자국에 고이는 이슬 한 방울
마른 눈으로 받아 마시며
그대 아직도 순례자의 꿈꾸고 있는가
걷다가 걷다가 마중 나오는 신기루에게서
예배당 첨탑 십자가를 보았는가
낙타도 노새도 버리고
오르다 오르다 헐떡이는 가슴 눈감고 껴안은
붓다 너무 무거워 그만 손을 놓쳤는가
들꽃이여 들꽃이여
바람이여 바람이여
주문인들 들리겠는가마는
뒤돌아보지 말고 가던 길 구름 잡고 흘러가게
가다가 가다가 광야에 별 하나 떨어지거든
소리 없이 지나가는 바람에도
구차한 손 내밀거나 허리 굽힐 생각 말게나
좋아서 하는 일 직업이 되면
저주가 된다는 슬픈 잠언 기억하면서
달빛은 지우고 물소리는 비우면서 쉬엄쉬엄 그대,
발자욱 남기지 말고 오늘도 내일도 흘러흘러 가게나

자라, 출가하다

저잣거리 민물고기 파는 할머니 물통에서
철없이 쏘다니다가
보살님 손에 이끌려 온 자라

절간도 부처도 없는
손거울만한 수궁水宮,
철옹성에 눌려 살아온 속세를 등지고 풍덩
연꽃 아래 가부좌 틀었다

아, 부처님 세상
바람소리 따라 수면이 구른다
쌔근쌔근 피라미도 잠드는 초저녁
민머리 침낭 속에 숨어 명상하다
깜빡 놀라 깬다

해도 달도 얼굴 잠시 내밀고
하늘 귀퉁이 슬쩍 비켜갈 때
햇살 두어 줄기 얼른 붙잡아

경전 한 줄 읽고
달빛 한 줌 집어 거울 한번 비춰본다

그러다 심심해지면 꼬리치는 물버드나무 잎사귀
한 잎 불러내려
찰방찰방 법고 치는 흉내도 내보다가
물방개 소금쟁이 손잡고 탑돌이 한다

먼 산사 범종 소리
하늘 찰랑이는 가락 따라
뻐끔뻐끔 독경하는
새끼 자라

국화꽃을 따며

은해사 스님들이 요사채 뒤란에 핀
국화꽃을 딴다
노오랗게 익은 꽃만 골라 딴다

부끄럼 타는 흰손으로
뱃속에 국화꽃 피우려
국화차를 담근다

텅 빈 법문 대신 국화 향기를 채우려고
베갯속에 꾸역꾸역
마른 꽃잎 쑤셔 넣는다

불심佛心이 활짝 익으면
괜시리 차 마시고 베개 필 일 있을까

저녁 산사山寺

연둣빛 물든 가랑비도 그쳤다
온종일 신명났던 목탁
비에 젖은 연등마냥 기운 빠져
이마에 땀 식히고 있는
산사,
능선 따라 조용조용
저녁이 내려와 앉는다

요사채 뒤편 뜨락
비구니 스님 장독 덮는 소리
저녁 안개 속에 얼굴 묻을 즈음
산새들 조잘거림 잎새들 수다
함께 재운 풍경이
숨 멎은 절 마당 내려다보고 있다

볍낭 촛농방울 세고 계시던
부처님, 깜빡 졸음에
대웅전도 잠에 빠져
촛불 홀로 졸리는 눈 껌뻑이며
산사를 지킨다

가천마을 다랑논

농심은 깎아지른 벼랑에
바다로 내려가는 계단과
하늘 오르는 사닥다리를 놓았다
구름이 계단 따라 바다에 내려와
쉬었다 가고
파도가 사닥다리 타고 하늘에 오른다

백팔 계단 다랑논*

논두렁 꼬불꼬불 모내기하다가
꼬부라진 아낙네
한 뼘 두 뼘 논배미 재며
한 말 두 말 땀 심는다

쟁기 끌던 일소 한눈팔다
절벽으로 떨어져
삿갓 속에 숨어버렸다는, 논배미의 전설

배 한 척 없는
어촌의 백팔 번뇌 걸어서
한 계단 한 계단 하늘에 고하고
한 포기 한 포기 하늘 뜻
다랑논에 심는 아낙네

하늘 바다 번갈아 오르락내리락
꼬부라진 허리 펼 날 없다

* 경남 남해군 가천마을 108계단 다랑논이 관광명소가 됨.

내가 버린 나

성姓 바꿔 가짜 나를 만들어
동성동본 남자와 평생 부부로 살아온 사랑이나
성性바꾸어 역할 바꾸기 한 정체성이나

내가 원고가 되고
내가 피고가 되어
내가 나를 걸어 소송을 해보지만
기각되는 법 앞에서
진짜 나를 찾아가는 길은
골고다의 언덕

얼마나 사랑했으면 내가 나를 버렸을까
내가 버린 내가 얼마나 그리웠으면
반세기 동안 달고 살아온 심벌
떨어냈을까

김 씨든 박 씨든
남자든 여자든

나는 내가 버린 나를 찾아
안고 지고 살아온 십자가와 작별한다

달집

너무 잦지도 말고
너무 뜸하지도 않게
길 잃어버리지 않을 만큼
발자국 하나쯤 남겨주세요

잔디 깔린 마당
철 따라 꽃 피는 정원 딸린
초당草堂 한 채
이제야 겨우 이엉을 덮었습니다

보름달 뜨면
피던 꽃들 더 곱게 피어나고
산비둘기 소쩍새 덩달아 눈물짓는
달집

아주 한적한 뜨락에
달빛처럼 소리 없이 다가와
굳게 닫힌 사립문 열고

초당 앞 작은 연못가에
달맞이꽃 한 송이 피워주세요

사랑하는 사람아

그대 내 곁에

괜시리 설레였던 것은
내가 모르는 사이
곁에 와 있었던 거죠

포근히 평화로웠던 것은
내가 모르는 사이
어깨위에 살며시
손 얹어놓고 있었던 거죠

한 없이 복받쳤던 것은
내가 모르는 사이
개선장군처럼 다가와 내 가슴에
둥둥둥
북을 울리고 있었던 거죠

내가 모르는 사이
상한 갈대도 사랑받고 있었음을
그대 떠난 뒤에야 알았습니다

마네킹도 질투할 때가 있다

신을 믿지 않으니 예배하지 않아도 되지만
시선 집중, 사십 일 금식기도 골독汩篤하다 보면
팔 다리 삭는 줄 모르고 눈 뜬 명상에 빠진다
누군가를 사랑해본 적 없어 배신할 줄 모르고
미운 사람 두지 않았으니 용서하는 법 배우지 않아도 된다
뭇 사람 눈길 사로잡았지만
정작 속눈썹 치켜뜨게 한 것은
누드모델 예고 없이 비집고 들어와
배경 사진으로 끼어들었을 때다
신이 나를 세상에 내보내면서
콧김 불어넣는 일 깜빡 잊었으면 그만이지
질투심은 왜 챙겨 넣었을까
오늘 따라 유난히 속살이 가렵다

매명賣名

아명
별명
관명
호
자

애칭
아호
필명
예명
익명
아이디

그리고 법명, 세례명까지

그 뒤에 숨고 감추고 도망 다니다가
어느 이름에 진아眞我가 들었는지 자신도 모른 채
막다른 골목 다다라서야 사인할 곳 찾아 헤매다가

사망진단서에 처박혀 죽은
본명!

더 이상 내 이름 팔지 말라 유언 남기고
가죽만 남겼다

섹스하는 아이디어

아이디어들이 서로 만나 짝을 짓고 섹스*를 한다

변화를 잉태하여 혁신과 진보를 출산코자 헉헉 땀을 쏟는다 상대가 누구인지는 상관없다

홀로서기가 아닌 집단적이고 누적적인 방식이면 더 바랄 게 없다 인류 역사의 어느 시점에 아이디어들이 서로 만나 섹스를 하기 시작하면서부터 선사시대 사람들은 물건을 교환하기 시작했다

섹스는 문화의 진화를 불러오고 역사의 번영은 섹스의 정도에 따라 비례하게 됐지 문란하게 섹스를 나누는 아이디어에 의해 21세기에는 가장 가난한 사람들조차 문화적 욕구를 만끽할 것이다

사람이 무엇을 만들었다는 것은 뇌 안에서 무슨 일이 일어났다는 것이 아니라 뇌와 뇌 사이에 뭔가가 일어난 것이다 교환이 문화의 진화에 미치는 영향은 섹스가 생물의 진화에 미치는 것과 같다

* 이인식의 『멋진 과학』에서.

어느 노숙 시인이 부르는 노래

부르지 않아도 들꽃은 피어나 들릴 듯 말 듯
향기 뿜다 보면 자유를 만나게 될 텐데
무료급식소 앞에 줄 선 노숙자
날짜 지난 신문으로 자존심 가린 숟가락이
고개 숙이고 서 있다
한 술 밥 위에 양념으로 떨어지는 눈물 두어 방울
미어지는 목구멍, 모래 같은 한 끼니 마주하고 나면
돌아선 숱한 만남들 눈길 거둬간 빈 광장엔
뒤엉킨 발자국만 끝도 시작도 잡히지 않는다

들꽃 한 송이 손에 쥐고 홀로 숨 거둔 어느 노숙 시인
화장터에서조차 만나지 못한 가족
하늘나라에서 애타게 부르고 있는 노래
들꽃 마구 꺾지 마라
들풀 함부로 베지 마라
푸른 피의 절규니라
못다 핀 풋풋한 영혼 사르는
향연香煙이니라

어느 날인들 기다리는 내일이 없을까

서서 오는 파도 돛대 뛰어넘으려
숨찬 신발끈 조여 한달음에 올라서면

기쁨이 슬픔 감추고 좇아온들
슬픔이 기쁨 주저앉혀 붙잡아맨들
새처럼 날아오르지 못할까

웃음 짓는 왼손도
찌푸린 오른손도
손바닥 비벼 꼰 심지로 촛불 하나 켜면
한 뙈기 마음밭 환히 밝히지 못할까

해인들 기쁜 날 없고
달인들 슬픈 달 없으랴

날 지면 새 날
달 지면 새 달

왕따, 그 일그러진 문신

어둠의 경계 어디쯤에 펼쳐지는 허상
어렴풋한 그것들을 찾아 헤매다가
용틀임으로 승천하는 흑룡이고 싶다가
청산에 우뚝 포효하는 호랑이이고 싶다가
비상 사다리도 없는 아파트 바닥에
널브러진 벌거숭이 되어
피멍, 일그러진 문신으로 박히고
그늘에 숨기고 살아가야 할
어둠의 자식도 아닌 그가
지하실 새벽 욕조에 곤두박혀
콘크리트 벽을 찢어야 하는 까닭이 무엇인가
승자 정의, 피해자 중벌의 시대
연탄불 위 오징어의 몸부림으로
마지막을 움켜잡기라도 한다면
한낱 상실의 가벼움은
피기도 전에 시드는 꽃나무가 많다 한들
그 영혼 훨 훨 자유로울 수 있을까

수의

쌍춘년 윤칠월 붙잡고
무병장수 빙자하여
때 만난 듯
수의 판매에 정신 팔린 저승사자들
신문에 전면광고 싣는다

수의도 패션 시대
유행 지난 것 입지 않겠다며
투정 부리는 할머니 달래느라
쩔쩔 매는 며느리 옆에서
저도 입겠다며 보채는 손주

벗어버려라
털어버려라신
그분 앞에 설 때
해탈이 무엇인가라고 물으시면

스물한 벌 삼베 옷

겹겹이 껴입고
꽁꽁 묶인 몸으로
무슨 경전 뒤적일꼬

흰 고무신을 보면

물살 따라 주름진 모래톱에
두꺼비집 지어 시냇물에 텀벙
물장구치고 싶어진다

수초에서 숨바꼭질하는
피라미 새끼붕어 불러내어
어항 만들고 싶어진다

어머니 무명치맛자락 잡고
읍내 장터 따라가
눈깔사탕 먹고 싶어진다

사돈댁 잔치 동동주에 취해
사랑방에서 코 고시는 아버지 대신
댓돌 위에서 꿈꾸고 있는
흰 고무신

백팔 배를 드리고 싶어진다

제3부

그립다는 말의 거리

그리움의 거리 말인가

쓸려가는 파도에 실어보내면

밀물로 가늠해서 돌아올는지

포말이 잦아든 자리

파도는 다시 철썩이고

얼마나 더 그리워해야

그 그리움 끝 다다를 수 있을는지

우리가 알았더라면

우리가 알았더라면
그 다리를 건너진 않았겠지

우리가 알았더라면
그곳이 에덴의 동쪽도
그것이 순교할 일도 아니었음을
후회하는 어리석음과 뉘우치는
실수는 하지 않았겠지

우리가 알았더라면
단막극 무대에서 재주넘는
가면들에 넋 팔지 않아도,

새벽안개 속치맛단 잡고
하늘 무거운 고개 겨우 쳐드는
대지의 장애아
잉태하지 않아도 되었겠지

우리가 그때 알았더라면
에덴동산의 선악과는
창세기에 심겨지지 않았겠지

명함

처음 만나기로 약속한 날
넥타이를 고르고 향수도 뿌리고
아침부터 부산떠는데
정작 어제저녁부터 엎치락뒤치락
잠 설쳐가며 골방 들락날락
일으켰다 눕혔다 몸둘 바 모르며
그가 더 안달이었다

만남의 대사라고 전권을 달라면서
사람에 따라 우쭐대며
웃을까 울까
표정 연기 리허설에 바쁘다
어떤 메시지를 전할까
분신의 사명 완수할 궁리에 골똘하면서

내가 튀면 주인이 돋보일까
내가 무게 잡으면 권위가 설까
마침내 패션으로 승부 거는

벙어리 중매쟁이 문자로 말한다
힘주어 잡은 손 안엔
서로의 표정 감춘 얼굴 살피며
제각각 거드름 피우는
명함 한 장

명함이 튄다고 사람이 돋보일까

감정노동

미니스커트 입고
눈 화장 짙게 한 예쁜 로봇이
출입문 양쪽에 서서
90도 허리 굽혀 인사를 한다
어서 오십시오
아리랑 햄버거입니다
안녕히 가십시오
도라지 콜라입니다
꼬리치는 눈웃음
굴렁쇠 돌리는 비음의 교태도
들고 나는 이의 표정 없는 등줄기 타고
미끄러져 내릴 뿐이지만
인형의 조각된 웃음이나
앵무새의 인사말도
CCTV가 감시를 하는 세상에는
웃음과 친절도度를 십분율로 점수 매기는
감정노동 시스템 작동
맛 모르는 로봇이
사람 몸에 체온계 들이댄다

식사 함께 해드립니다

홀로 식당에 들어갈 때 주인보다 먼저 튀어나오는 인사말, 몇 분이세요? 입안에서 목구멍으로 되돌아 넘어가는 대답, 혼자인데요! 대꾸 없는 주인 눈치 살피며 어물쩍 푸대접 받는 출입구 쪽 빈 의자 알아서 찾아 앉는다 먹는 둥 마는 둥

함량 미달도 아닌 품질 불량과도 관계없는 싱글이나 골드미스가 홀로 울컥거리는 라면 냄비 뚜껑 열었다 닫았다 끓는 눈물 닦아준 다음 계란 한 개 넣을까 말까 냉장고 문 열까 말까 망설이는 사이 문자 메시지 들어온다 '신장개업 안내, 식사 함께 해드립니다'

약삭빠른 식당 '나 홀로' 식사 손님 위해 1인용 좌석을 새로 배치했다 가로 70 / 세로 60 / 높이 140㎝ / 독서실 칸막이 책상 같은 식탁, 앞 손님 옆 손님 눈치 볼 것 없는 배터리 식 양계장 사료 먹는 뒷모습에 모래 씹는 소리 매달린다 1인용은 관棺 하나로 족하지 않을까요 식사 함께 해드리겠습니다

아름다운 마침표

서른일곱 살 처녀가
가발 머리 곱게 빗고
화장을 고친다
수심에 찬 거울 앞에 서서 짓는
쓸쓸한 미소
솜사탕 같은 아침 물안개 속에 녹아든다

그녀,
웃으며 영정사진을 찍는다
예쁘게 찍어주세요
엄마가 시집 못 보내고
손 놓은 딸
웃는 모습 품에 안고 살게요

환한 얼굴로 울고 있는 그녀
보조개에 고이는
아름다운 마침표들……
주르르르

암 병동에 두고 온 민가슴 위로
이별 연습 한다

찰깍
●
카메라 셔터가
검은 눈동자 감춘다

'65'

흔들리는 하늘마저 질끈 동여맨 머리띠
젖 먹던 힘 두 주먹에 불끈 모아 쥐고 전력 질주해온
울트라 마라톤
이마엔 소금꽃 목에는 은메달 환하다
'국가공인자격증' 받아 쥔 손 안엔 십자가의 못 자국 그득
예행연습 없이 달려온 레이스
단거린지 장거린지 호흡 조절할 줄도 몰랐다
뛰고 밟히고 넘어지고 헤엄쳐온 아마추어 철인오종경기……
의식은 가물가물 털썩 주저앉으려는 순간 장내 아나운서멘트
"경기 도중 규칙이 바뀌어 코스가 연장되었습니다. 이제부터 고난도 장애물 경주가 계속 이어집니다."

성대에 탄력 유지하는 콜라겐 섬유 감소로 인해 잔주름이 생겨 목소리가 노화되어 쉰 냄새 나는 허스키 보이스
— 목소리 노화

자신의 목소리에 맞춰 볼륨 조정하다 보니 목소리 커지고 사소한 지적도 야단치는 것으로 오해 — 청력감소

흰 머리카락이 늘어나면서 이십여 개 안면근육의 잔 움직임이 감소돼 근육 경직으로 표정의 디테일이 줄어들어 무뚝뚝해짐 — 무표정

멀리서 다가오는 지인의 반가운 눈인사를 놓쳐 못 본 체한다는 오해를 사고 화려한 색에 불안감 느낌 — 시력저하

다리운동 부족으로 낙상하기 쉽고 뼈가 소실되는 – 골다공증

팔 손 안면 근육의 조화가 무너져 흘리고 떨어트려 옷에서 냄새를 풍기는 – 무감각

타액 분비 감소로 입 냄새가 나기 쉬움 — 침샘 노화

— 〈노년증후군〉

고난도 장애물 지팡이 짚고 하늘까지 뛰어넘어야 하는 100세 시대

축복인지 저주인지

이제 전력 질주는 정답이 되지 못한다
보조장구 건강식품 챙기느라 달려온 길 힐끔거릴 것 없이
쥐고 온 바통 악다문 손아귀 다잡아
새로 도색한 트랙 희미해지는 청색 실선 따라
눈 부릅뜨고 완주하여 마침내 골인 지점에
국가공인자격증도, 은메달도, 자랑스레 반납할 일이다

나이 맛있게 먹기

나이를 약속해주지 않는
생일이
해마다 스스로 제 나이를 먹고 산다
끓는 속 침묵으로 견디다 못한
어둠
불덩이 삼켜 보름달을 구워내지만
식어가는 별들 한 입에 들이마신
새벽
욕정 밀어올려 어제를 사른다
나날이
노을은 해를, 새벽은 별을
번갈아 먹으면서 만삭이 되면
달을 낳아주지만
제 나이에 익숙해진 생일
달력에나 묻어두면
나이 맛 달콤해질까

노인 요양원에 들어간 토끼

노인요양전문 현대병원 삼층 휴게실
어느 날 두 귀가 쫑긋, 눈이 새까만
흰 토끼 한 마리가 입주했다
세상 살 만큼 살았거나 정신줄 놓았거나
자식들에게 짐 되지 않으려는
갈 데 올 데 없는 할머니들
침대 한 칸의 삶이 무료해지면
사과 궤짝만 한 토끼장 철망 앞에 마주 앉는다
토끼도 할머니도
먼저 말 거는 법은 없다
초점 없는 할머니 눈이나
동그랗지만 놀란 표정도 아닌 토끼 눈이
서로 무관심한 체 이따금 껌뻑껌뻑
끼니때 되면 주문하지 않아도
침상에 배식되는 밥이나
보채지 않아도 먹이통에 담아주는 펠렛이나
똑같이 사료를 먹고 있다는데
할머니와 토끼 눈이 부딪치며 빛을 발한다

풀밭에서 깡충깡충 뛰어 다니다가
요양원에 잡혀와 애늙은이 된 흰토끼,
훨 훨 한 세상 치맛자락으로 날던 할머니들
너나, 내나

일흔한 살 할아버지가 효도하는 법

일흔한 살 (아들)할아버지가
아흔다섯 살 (아버지)할아버지에게
유치원 그림책 펼쳐놓고
크레파스 손에 쥐어드린 지 한 달 만에
흰색 검정색 겨우 구별하게 돼서
눈 맞추며 손뼉을 쳤다는데
청백리 공무원으로 정년퇴직한 (아들)할아버지
여태 여자 옷고름 한번 만져보지 못한
숫총각으로 부자유친, 열세 평 주공아파트와 같이 늙어가며
미음 쑤고 기저귀 갈고 시간 맞춰 꼬박꼬박 운동시켜드리면서도
휘날리는 자신의 백발 염색할 줄 모른 채
아흔한 살 노모까지 함께 모시고 사는데
그가 장가 안 간 까닭인즉슨 고자여서가 아니라
순전히 남의 집 귀한 딸 고생시키지 않겠다는
선견지명인지 페미니스트인지 딱히 해명한 적 없지만
장바구니 들고 재래시장 누비며 노부모 입맛 뒤지고 다

니는 모습

노점상 할머니들 눈에 밟혀 "효자각 세워줘야 해 암, 암" 입에서 입으로……

보드라운 시금치, 조금 덜 자란 콩나물 골라

배가 부른 검정 비닐봉지 건네받으며

"효자는 무슨 효자, 부모 모시는 자식이 제일 불효하는 걸."

혼잣말 입안에 삼키며 치매 앓는 (아버지)할아버지 걱정에

발길 재촉한다

효자손 발마사지기 안마의자가 대리효도로 효자상 받는 세상 오면

숫총각 (아들)할아버지 수절하지 않아도 될 텐데

짝

한 날 한 자궁에서 손잡고
붕어빵으로 태어났으나 쌍둥이는 아니다
탯줄이 달라 언니 동생이라고 부를 처지도 아니고
출생 순간 '평생동행증' 받았으니
함께가 아니면 일생동안 한 발자욱도
내딛을 수 없는 사이가 됐다
역할 바꿀 수 없는 왼 짝 오른 짝
일인이각 앞서거니 뒤서거니
장거리 무전여행에 나선 이후
발바닥에 물집 생겨도
바늘에 실 가듯 가던 길 함께 가야 한다
피압박의 고행길
대중탕 뜨거운 물에 여독 풀고 가려다
잡은 손 깜빡 놓친 짝꿍 행방이 묘연하다
외톨이로 일어설 수도 걸을 수도 없는
발가락양말 한 짝
헌 옷 수거함 속에서 헤어진 짝 찾고 있다
왕따 되기 싫어!

커플링

지구가 둥글다고 해서
세상 돌아가는 일이 둥글둥글
사람 뜻대로 돌아간다면야
굴렁쇠 굴리는 만큼이나
세상살이 쉬운 일일 테지만
두 사람 발걸음 맞추기가 말처럼 순탄치는 않아
자전거 앞바퀴 핸들 의지하고
뒷바퀴 톱니 물어 균형 잡아
한 방향으로 굴러가듯
따로 비틀대고 좌우로 휘청이다가도
허리 부둥켜안고 한 길로 굴러가야 해로한다

오슬로 한상마을* 은세공방 아가씨
둥글게 돌리는 압착기
서로 칠십 년 빼앗겼다며 고개 치켜드는 손가락 앞에
은가락지 두 개 댕그르르 굴려 놓는다
주름 깊어진 무명지 둘 헐렁한 어깨 꼭 껴안고
손톱에 노을빛 물들이고 있다

* 노르웨이 400년 전통의 상가.

팽이

제정신이 아니다
도무지 제 몸 가누질 못한다
돌지 않고는
비틀거리거나 넘어질 수밖에 없는 숙명

아예 돌아버리지 않고서는
곧추 세울 수 없는 몸
매 맞고서야 겨우 제정신 돌아와
한 몸 바로 세운다

좌든, 우든
한 방향으로 완전 돌아버리지 않는 한
자리보전할 수 없는 미끄러운 세상
빙판 위에 시퍼렇게 날 세워
돌아라 돌아라 빨리빨리 돌아라
흠씬 두들겨 맞으면서 아주 돌아버려라

스트레스 없는 삶 어디 있으랴

꼬인 세상, 비벼 꼰 팽이채 휘두르는 대로
차라리 돌아버려라
돌아야 바로 설 수 있다

황혼이혼

낮이 먼저랄 것도
밤이 나중이랄 것도 없이
해와 달 따라 나란히
돌고 돌아온
칠십 년 동행

서녘 저물어 금빛 노을 내리면
지팡이 놓고 어깨동무하여
함께 넘자던 동반자

떨쳐 버리지 못한 노욕
검은 노을에 걸려
낮은 해 따라
밤은 달 따라
등 돌려 가기로 하네

노을 지는 서산 사이에 두고

칼갈이

아침마다 벼리고 벼려
서슬 퍼렇게 무장하고
현관문을 나서는 칼, 칼, 칼

세상 반 토막이라도 낼 것처럼
하늘 한 귀퉁이 자르기라도 하려는 듯
시퍼렇게 날을 세운다

백병전 끝난 아수라장
난도질당한 피비린내에 욕지기하며
번뜩이는 칼날

누굴 베기 위해서는
내 살 먼저 도려내야 한다는
칼의 잠꼬대를 숫돌 위에 불러 세우는
칼갈이

봉분封墳

앞에 서서는 〈.〉를 보았다
뒤쪽으로 반 바퀴 돌아가서
〈?〉를 본다

한 바퀴 돌아와서야
〈"……"〉를
물구나무서기로 보았다

한 숨 돌리고 나서 〈,〉를 본 순간
마침내 하늘에서 내려오는
〈!〉

사라진 〈 〉 속의 나
문장기호의 유적지에서 발견되다

거미줄

몸져누운 팔순 노모
여러 날 문밖출입을 끊은 사이
저도 곤한 삶에 지쳐
긴 잠에 빠졌던 댓돌 위 코고무신 속에
거미란 놈이 그물을 쳤다
지팡이에 겨우 의지하여 화장실 걸음 하시려다
거미줄에 엄지발가락이 걸려 어머니 휘청,
이눔아 아직 갈 때 안 됐어 호통치신다
기운 돌아온 날에
동구 앞 느티나무 그늘 찾아
부채 바람에 땀 식히는 할머니들과
바깥바람 쐬며 손주 자랑이나 나누시라 하니
이눔아 거미줄에 걸린 귀신들 퀭퀭거리는 곳에
내가 왜 가?
귀신도 벗어날 수 없는 거미줄인가
저승사자 신발 벗겨 데려가는 줄
지레 아시면서
어머니는 애써 모르는 척하시는 걸까

제4부

13월에 부르는 노래

우주의 합창 장엄하게 연주되는 동안에는
아직 찢지 못한 달력 남아 있다는 듯
12월은 구름 한 장 걸어갈 뿐
천년바위 미동도 않고 정상 지키고 섰다

하늘은 잠시 지휘봉을 놓고 땅은 침묵하고 있는데
미명은 굳은 약속 지켜 가려는 듯
못 다 부른 악보 넘기지 못한 채,
이 새벽 두 팔 벌려 내 노래를 부르고 싶다

13월의 태양은
지금 느린 보폭으로 걸어오고 있는가
어둠에 씨 뿌려 밝은 열매 거둘
새 노래는 어느 하늘에 주파수를 맞추고 있는지

크레바스 빙벽 그 너머로
절망의 골짜기마저 건너뛰는 찬란한 햇살 받아
13월의 노래를 부르고 싶다

시와 길과 그리움의 셈법

길 속에 그리움이 있다는 믿음
시가 가르쳐주었지

길 따라 가면 그 그리움 만날 수 있을까

시 안에 길이 있다는 것
그리움이 가르쳐주었지

그리움 따라 가다 보면 시를 만날 수 있을까

그리움에 이끌려 사람들 길 떠나지만
막다른 길 다다라서야 '길 없음' 에 놀라지

아니야, 이제는 신호등 대신 이정표를 세우는 거야
시도, 길도, 그냥 '그리움' 이라고

뒤

난, 당신의 백댄서가 아니야
나도 주인공이란 말이야
조연 아닌 여주인공!
가려진 구석빼기에 서서 구색 맞추는
백코러스가 아니야!
전율 일으키는 환상의 하모니, 소름 돋는 감동
짜릿한 화음의 주인공 알아?
나를 픽업한 것으로 착각하지 마
구천 척尺 하늘에서 떨어지는 좁쌀을
바늘이 정조준해서 꿰찬 것이란 말이야
뒤!가 아닌 나, 주연이란 말이야
때로 다른 무대에 설지언정
결코 조연을 맡지는 않아
단지 무대를 옮길 뿐이지
내가 무대를 옮기면 관객은 내가 죽었다고 하겠지

슬픈 춤은 이제 그만

비록 노예의 몸을 빌렸으나 오스만 왕조 어느 황제의 피를 받아 태어났을 터이니 선천성 광대는 아니어서 그대는 끝내 무희임을 거부한다 궁정 연회장 질펀한 웃음소리 귀청에 남아 있지만 귀가 있어 무슨 말을 듣겠으며 입 있은들 어떤 말을 전하랴 배꼽으로 담아내는 독설이 '王' 을 조롱하고 간신배들을 희롱하는구나 튼실한 왕자에게나 물렸을 법한 풍만한 젖가슴으로 몰려드는 하이에나 떼 뺨 후려치고 알몸 허리에 찬 은장도 시종무사 명치끝 향해 번쩍일 때 압제의 정수리에 서슬 퍼런 속눈썹이 불화살로 꽂히는구나 침묵으로 흐느끼는 몸부림, 목 따로 허리 따로 상형문자 음각하는 갑파도키아 하르만다스 여전사 클라라*여 이제 슬픈 춤은 그만, 멈추지 않는 그대의 밸리댄스에 빙하 속의 달이 떨고 있다

* 터키의 유적 관광지, 매혹적인 배꼽춤을 추는 공연장 무희.

기억

띄엄띄엄 지움기호에 묶여
궁글거나 자유로이 허공 날아다니는
편린들 하나하나
흩어져 있어 되레 또렷하다

모으고 포개어 겹쳐진 조각들
살림 기호 반복해서 반듯하게
세워보려 하지만
뭉개진 형상
제 모습 불러낼 수가 없다

눈에 밟히는 이름 부르면
그림 속에서 걸어 나올는지
가슴에 묻힌 사람
화강암에 새겨 놓으면
이따금
이끼 걷고 얼굴 내밀는지

딸기를 먹으며

도르르 혀끝에 말릴 수만 있다면
이 작은 몸뚱어리
으스러져도 좋겠다

뜨겁게 데울 수 있다면
실핏줄 모두 터뜨려
그대 붉게 물들이련만
불러주는 것만으로도
녹아내릴 것 같은
이 부끄러움

접시에 가득 담긴 새빨간 유혹
소름 돋은 붉은 혀*를
훔치고 싶어진다

* 김혜순의 「딸기」에서 빌려옴.

‘ㅁ’

기다림
그리움
슬픔
기쁨
간절함은
왜?
‘ㅁ’ 으로 끝나는 것일까

간절하다 보면
입 다물고[緘口] 기다림을 기다려서 일까

그리움은 마냥 목마른 그리움으로 남아
슬픔을 불러올 테지만

기쁨은 기다림 끝에 다시 오는 것인지
새로운 기쁨을 보여줄 생각이나 하고 있는지

할 말 잃은 ‘ㅁ’
간절함에 다시 입[口] 다물고 있는 것인가

거기 누구 없소

하나이면 족할 주연
식상한 대본 들고 나와
너도 나도 주인공이라며
관객들에게 입장권부터 내놓으란다
가면 쓰고 이사 다니며
가면 씌워 취업시킨 배우
'열린 우리들' 가면 뒤에 숨은 '닫힌 너희들'
느닷없이 점퍼 차림으로
프롤레타리아 가면 쓰고 나타난 위장신사
그밖에 서민 탈 빌려 쓰고 나온
덜 떨어진 조무래기 자칭 주연 배우들
저마다 조연도 단역도 없는 가면극 연출한다
어지러운 가면들의 행진
어느 장면에 박수쳐야 할지
관객들 어리둥절하다
세종로, 여의도 일번지
정말 신명나는 오페라 한 편 보여줄
명배우,
거기 누구 없소

몰입하는 지공숙녀,
그 아름다움에 대하여

머리 희끗한 지공숙녀가
자정 훌쩍 넘겨 졸고 있는 갓등 아래서
오선지에 부지런히 콩나물을 심고 있다
이어폰을 낀 채 몰입하고 있는 뒷머리
꽁지 달린 콩나물이 전등 불빛에 매달려 춤을 춘다

종종종 심겨지는 하모니카 연주곡 악장 마디마디
쉼표 하나에 심호흡 한 번 고른 다음
다시 도돌이표 하나 그리고 나서는
졸리는 듯 흔드는 듯한 어깨춤사위로 리듬까지 맞춘다

고개 푹 박은 지공숙녀, 높은 음표를 닮았는데
몰입은 몰약인가?
향 내음 짙은 새벽
뿌리친 나이가 하모니를 만들고 있다

* 지공숙녀 : 지하철 공짜로 타는 젊은 할머니를 지칭.

신분증 좀 봅시다

신분증 좀 보여주세요!
서울행 KTX 객차 안
S라인의 여승무원이
체크용 단말기 콕콕 찍으며 다가와 하는 말
남산, 서빙고분실, 남영동 시대를 살아온 사람들
지은 죄 없이 괜시리 움찔해야 했던 말이다
험상궂은 근육질의 인상파도 아닌
미모의 여승무원이 의아한 눈빛으로
경로할인 신분 확인을 하겠다는 것
쓸개 씹은 기분으로 내민 주민등록증
휘둥그레진 눈으로 얼굴 살피던 그가
아니?!……
빨개진 얼굴 볼우물 지으며 돌아선다
출장 길 내내 콧노래 흥얼거리며
둘레둘레 어디 신분증 보자는 사람 없는가
눈길 팔고 다녔다

이상한 세상

눈 감으면
환히 보이는 세상
눈 뜨면
어두운 세상 열립니다

눈 감으면
한 줄기 빛, 마음 꿰뚫어 보이는데
눈 뜨면
깜깜한 세상 한 치 앞을 볼 수가 없습니다

눈 감으면
밝은 기억들 걸어 나오고
눈 깜빡하는 사이
꿈 사라져 앞이 보이질 않습니다

이상한 세상
눈을 감아야
내가 보입니다

소음공해

개 짖는 소리
밥 값 하는 소리

개 소리
밥 값 못하는 소리

조각보

나의 영토는 본디
하늘 덮고도 자투리가 남았지
저마다 땅따먹기에 미쳐
총질하고 칼질하고 때론
사자가 사냥해온 먹잇감
하이에나 송곳이빨 연맹하여 갈기갈기
찢어발겨 물고 뜯은 피 묻은 살점들
어떤 조각은 붉은 피 흐르는 그대로
어느 조각은 썩은 잿빛으로
세모꼴, 마름모꼴, 사다리꼴,
조각조각 다시 헤쳐 모여
짐짓 평화를 떠들면서
끼워 맞춘 네모 세상은
둥근 세상으로 바뀐 뒤에도 모서리가 남아
숟가락 부딪히는 소리
잠들 날 없다

도동서원 은행나무

저마다 하늘로 하늘로 치달아
햇살 한 촉 먼저 잡으려
발꿈치 세우는데
허리 굽혀 땅으로 땅으로 내려와
무릎 꿇고 조아리는 연유는
읽어야 할 경서 책거리 덜 끝나서입니까

수수백년 낭랑히 서원 기둥 감도는
유생들 사서삼경 강독 소리 귓전에 담아
만세 풍월 읊조리며 유유한 저 낙동강물에
저린 발목 담그고 싶어서입니까

문지방 닳구던 경향 각지 선비들
미투리 앓는 소리
강당의 후학들 서책 넘기는 갈피 헤아리며
조선 현인賢人 한훤당선생 모셔온
도동서원 수문장 사백여 년

후사後嗣 없이 꼬인 다리 엉금엉금
팔꿈치 짚고 다시 한 번 일어나서
도포자락 휘휘 세세토록
삼강오륜 지켜가려 하십입니까

하얀 뱃길

파도인 듯
섬인 듯
바다를 조각한 점 하나 어렴풋하다

애기 눈썹 같은 비늘 반짝이는 햇살 아래
교향곡이었다가 휘몰이장단이었다가
파도의 음률에 맞춰 춤추는 멸치 떼

흔들리는 몸 은파 리듬으로 가누며
한 발짝 한 발짝
음표 따라 박자 맞추어 노 찍는 사공
찍히는 자국마다 묻히는 물길로
제 몸 스스로 조율하는 거룻배 한 척

나침반 없이도
뱃전에 부서지는 금빛 파도 가르며
먼 바다 그 너머 하얀 뱃길을 낸다

■

해 설

'그리움'의 힘으로 발화하는 '가장 긴 말'

— 신표균의 시세계

유성호
(문학평론가, 한양대학교 국문과 교수)

■ 해설

'그리움'의 힘으로 발화하는 '가장 긴 말'

— 신표균의 시세계

유성호

(문학평론가, 한양대학교 국문과 교수)

1.

신표균 제2시집 『가장 긴 말』(모아드림, 2014)에는, 곡진하고 절절하게 떠오르는 지난 시간에 대한 짙은 '그리움'과 함께, 동시대를 살아가는 이들을 향한 따뜻하고도 심미적인 관찰의 결실이 가득 담겨 있다. 지난 첫 시집 『어레미로 본 세상』(심상, 2009)에서 이미 "인간적인 따스한 정감과 휴머니즘"(송수권)을 통해 "자연적인 질서와 섭리와 관계된 틀로 세상을 바라보는"(문흥술) 시선과 필치를 유감없이 보여준 신표균 시인은, 이번에 새로 펴내는

두 번째 시집을 통해 더욱 확장되고 깊어진 서정시의 한 진경進境을 보여준다. 가령 그는 "한 획의 기호로 긴 말의 그리움"을 노래하고 "가장 짧은 글로 가장 긴 말을"(「시인의 말」) 하겠다고 토로했거니와, 그만큼 이번 시집 안에는 여운이 길고 함축적인 시적 언어들이 밀도 높게 스며 있다고 볼 수 있다. 따라서 우리는 신표균 시인이 '그리움'의 힘으로 발화하는 '가장 긴 말'의 범주와 속성을 충실하게 따라가면서, 이번 시집이 그려내는 서정의 경개景槪를 들여다보고자 한다.

2.

두루 알려져 있듯이, 서정시는 '말(언어)' 자체에 대한 탐색을 현저하게 수행하는 예술 양식이다. 그 점에서 서정시를 일러 '언어에 대한 예술'이라고 부를 수 있을 것이다. 다시 말하면 '시'는 '언어'를 일차적 도구로 삼고 있지만, '언어 자체'를 탐색하고 사유하는 메타적 속성을 구비하고 있기도 하다. 여기서 '시인'은 언어의 도구적 기능을 넘어서는 자의식을 통해, '언어 자체'에 대한 탐색에 남다른 공을 들이게 된다. 신표균 시인이 노래하는 "가장 긴 말" 역시 이러한 '말'의 궁극적 속성 곧 '말해질 수 없는 말' 이나 '최후의 말' 같은 것으로 귀납되면서, 우리 주위에서 간단없이 소멸해가는 존재자들을 증언하고 그들을 정성스레 붙잡으려는 안간힘으로 줄곧 나타난다. 다음 표제 시편을 먼저 읽어보자.

짧으면 석 달 길면 여섯 달
시한부 신경암 환자가
허파로 숨쉬는 이승에서 토해낸
네 마디 말

"좋아"

"좋아요"

"좋습니다"

"참 좋습니다"

'아빠' 말밖에 모르는 세 살 딸, 두 살 아들과
놀이동산 마지막 나들이에서
회전목마 타는 모습
이동침대에 누운 채 물끄러미 바라보다

한 말

링거에 매달려 하루하루
밤낮이 바뀌어도 한 마디도 없던 그가
저승까지 품고 갈 세상에서 가장 긴 말을 눈에 담는다

대답인지 응석인지
"아빠" "아빠" 철부지들 목소리 커지는데
점점 내려앉는 아빠 눈꺼풀

—「가장 긴 말」 전문

이 시편의 주인공은 "짧으면 석 달 길면 여섯 달"을 선고 받은 "시한부 신경암 환자"이다. 그가 지상에서 마지막으로 토해낸 네 마디 말을 일러 시인은 "가장 긴 말"이라고 명명한다. 숨이 가빠 길게 이야기하기 어려운 사정도 있었겠고, 더 이상 길어질 필요 없는 단출한 내용이어서 그럴 수도 있었을 것이다. 한 음절씩 더해가며 '좋다'는 말을 강조해가는 이 애틋한 점층漸層은, 아직 '아빠'라는 말밖에는 모르는 어린 두 아이들과의 마지막 나들이에서 이루어진다. 물끄러미 아이들을 바라보다가 내뱉은 이 "저승까지 품고 갈 세상에서 가장 긴 말"은, 지상 최후의 말이

자 "아빠"를 더욱 크게 부르는 아이들의 세계로 내려앉는 가장 따뜻하고 사랑스런 '아빠'의 말이기도 하다. 어떻게 생각하면 이 "가장 긴 말"은, 암 투병 환자가 힘겹게 내뱉은 '짧은 말'이기도 하지만, 그 말 외에는 모두 외식外飾일 수밖에 없는 아빠와 아이들의 마지막 나들이 상황을 집약하는 '더없는 말'이기도 할 것이다. 이처럼 신표균 시인은 소멸 직전에 눈물겹게 반짝이는 애틋한 상황과 정서를 빌려, 우리 삶의 가장 아름답고도 참 좋은 '말'을 시 안쪽에 각인한다. 소멸해가는 존재자들을 향한 가없는 연민과 애정이 거기 깔려 있음은 물론이다. 다음 시편에서도 우리는 그러한 정조와 어법을 다시 한 번 발견할 수 있다.

> 하늘 구석구석 우주정거장 생겨나더니
> 길을 잃었는가
> 유비쿼터스 세상 굳이
> 한 곳에 몸 맡겨 살
> 까닭 찾지 못해서인가
> 만날 수 없는 것은
>
> 인터넷 때문인가, 자네 모습
> 휴대폰 때문인가, 자네 음성
> 보고 들을 수 없는 것은

내 먼저
길 막다른 곳
휴대폰 터지지 않는 곳에 가서
거미줄 쳐진 오두막집 들어
석유등잔 못 찾으면 겨우
반딧불 하나 켜 놓고 있을 테니

내비게이션 없이
터벅터벅 걸어서 오게나
턱수염 덥수룩한 채, 불쑥

먼 곳에 있는 친구여

—「먼 곳에 있는 친구여」 전문

'우주정거장' 이나 '유비쿼터스' 는 시공간에 상관없이 인간이 자유롭게 네트워크에 접속할 수 있는 새로운 환경을 가져다준다. 모두 테크놀로지의 비약적인 발달로 인해 가능해진 것들이다. 하지만 이 과학기술의 극점에서, 지상의 한 서정시인은 오히려 자신이 길을 잃었고 누군가를 전혀 만날 수가 없다고 고백한다. 이어지는 '인터넷' 이나 '휴대폰' 도, 친구의 모습과 음성을 보고 들을 수 없게 하는 장애물일 뿐이다. 여기서 시인은 역발상을 시작한다. 자신이 먼저 "길 막다른 곳/휴대폰 터지지 않는 곳"에서 친구를 기다리겠다는 것인데, 그곳은 "거미줄 쳐진 오두막집"이 있고 당연히 석유등잔도 없고 반딧불이만 가녀린 빛을 뿌리는 오지일 것이다. 시인은 '내비게이션' 보다 훨씬 정확하고 다정하게, 터벅터벅, 텁수염 덥수룩한 채, 불쑥, "먼 곳에 있는 친구"가 찾아오기를 그렇게 희구한다. 이러한 반反문명, 반反근대의 발상은 이제 하나하나 소멸해가는 것들의 풍경을 상상적으로 재현하면서, 서정적 회상의 방식을 통해 자신의 기원origin으로 돌아가기를 바라는 강렬한 회귀 욕망을 반영한 것이기도 하다. 그렇게 시인은 "먼 곳에 있는 친구"에 대한 강렬한 기억과 '그때 그곳' 을 향한 회귀 욕망을 빼곡하게 적어 넣고 있다. 하지만 시인 스스로도 "세종로 네거리에서 소달구지 타고/주먹밥 먹으며 동대문 장터 한 바퀴/휘돌아보고 싶은 너는/UFO 타고 온 외계인"(「슬로시티」)이라고 빗대고 있듯이, 시인은 이제 어김없는 삶의 주류 방식으로 기능하는 문명을 넘어서, 반딧불이처럼 흐릿하게 사라져 가는 존재자들을 안타까이 호명하고 있을 뿐이다. 그 '그리움' 의 힘으로, "가장 긴 말"을 통해, 가장 "먼 곳에 있는 친구"를 부르고 있는 것이다.

잘 알려져 있듯이, 모든 사물은 소멸 직전의 순간에 존재의 순수한 외관을 선명하게 드러낸다. 그 점에서 사물의 '영원성eternity' 이라는 것은 상상적 관념일 뿐이고, 시간의 흐름 자체를 부정하는 시간 부정적negative 개념이다. 그만큼 영원한 것은 없고 사라져 가는 것만이 있을 뿐이다. 아니 오히려 모든 사물은 사라져 감으로써만 자신의 운명이 부여받은 시간성을 충실히 견지하고 있다 할 것이다. 신표균 시인은 그 존재자들의 순간성을 충실하게 그리고 미학적으로 부조浮彫해냄으로써, 그의 텍스트들의 핵심 전언傳言이 소멸해가는 존재자들의 뒤편을 향하고 있음을 보여준다. 시인의 경험과 기억 속에 긴장과 균형으로 존재하는 소멸해가는 사물들, 그것들이 갈등하고 화창和唱하는 풍경이 말하자면 그의 시세계를 구성하고 있는 것이다. 이렇듯 신표균 시학은, 자기 인식의 시선을 지속적으로 보이면서도, 끝없이 그 관심의 대상을 확장하여 사라져 가는 것들을 향한다. 그리고 그의 시선은 천천히 이 폐허의 시대를 살아가는 삶에 대하여 시적 원심遠心을 부여하면서, 높고 깊은 성찰의 시선으로 나아가게 되는 것이다.

3.

신표균 시인이 이번 시집에서 한결같은 주제로 삼고 있

는 이러한 '그리움'의 깊이는, 근원적으로 '기억'이라는 지속적인 행위에서 이루어진다고 할 수 있다. 원래 '기억'이란 주체가 가지는 회상적이고 창의적인 조절적 기능의 일환인데, 우리는 이러한 기억을 거치지 않고는 주체를 경험적으로 회복할 수 없다. 따라서 기억이란, 나날의 일상을 규율하고 관장하는 합리적 운동이 아니라, 마치 고고학자의 시선처럼 현재의 지층 속에 남아 있는 과거의 잔상들을 재현해내고 그때의 한순간을 정서적으로 구성해내는 어떤 힘의 형식을 뜻한다. 그래서 기억은 동일성의 감각에 의해 발원되고 구축되는 '시'의 핵심적인 구성원리가 되는 것이다. 신표균 시편들은 이러한 기억의 힘을 통해 자아를 회복하려는 욕구와, 기억 속에 각인되어 있는 공동체적 가치를 현재 삶에서 회복하려는 열망을 동시에 숨기고 있다. 이는 여전히 그의 시편들이 공동체의 긍정적 가치를 향하고 있다는 점을 암시하면서, 이번 시집이 더욱 깊이 있는 공동체적 기억을 보여주는 뜻 깊은 실례라는 사실을 넌지시 알려준다. 다음 시편들은 이러한 공동체적 기억의 한켠을 애잔하고 아름답게 보여준다 할 것이다.

삼백오십 여 임종을 지킨 호스피스
하얀 시트마다 애벌레의 꿈을 심는다

간 쓸개 모두 떼어준 유충들
꼭 꼭 숨겨둔 사랑 ∞ 속에 담아
흰배추나방 되어 훨 훨 나는 꿈을 꾼다

연인들 하나 둘 떠나가고
어둠은 발자욱 지우며 외로움 쓸어내지만
전나무 가지 끝에 매달려
바람의 심장 속을 맴돌던 밀어 한 마디
끝내 떠나지 못하고
저무는 플랫폼 벤치에 내려앉아 사랑을 쓴다

저만치서 멀뚱한 시그널
기차 떠난다고 파란불 다시 켜면
애벌레의 꿈도 깨어나 훨 훨 날아오를 테지
종착역엔 사랑이 살고 있다

—「종착역엔 사랑이 살고 있다」 전문

수많은 생명들의 임종을 지켜본 '호스피스'를 시적 공간으로 취택한 시인은, 삶과 죽음의 최후 경계선에서 "애벌레의 꿈"을 심는 상상적 장면을 아름답게 보여준다. 호스피스에서는 애벌레들의 "숨겨둔 사랑"을 담아 그들이 마치 "흰배추나방"이 되어 비상하는 꿈을 꾼다. 비록 연인들은 모두 떠나고 어둠만이 외로움으로 찾아오지만, 거기서 시인은 나뭇가지 끝에 매달려 "바람의 심장 속을 맴돌던 밀어 한 마디"를 듣는다. 이 "밀어 한 마디" 역시 시인이 듣고 있는 지상에서 '가장 긴 말'일 것이다. 그 '가장 긴 말'이란, 다름아닌 "저무는 플랫폼 벤치에 내려앉아" 쓰는 '사랑'이라는 말이다. 그렇게 삶의 "종착역엔 사랑이 살고" 있다고 시인은 믿고 기록한다. 삶과 죽음이 저무는 가파른 경계선에서 '사랑'이라는 보편적 가치를 아름답게 신뢰하는 시인의 마음이, 지금처럼 폐허와 죽음의 시대를 살아가는 우리에게 한없는 위안이 되어주는 것이다. 그때는 아마 누군가를 부르지 않아도 가장 깊은 사랑이 거기 머무르게 될 것이다.

> 슬픈 별들 바다로 쏟아지던 날
> 진도 앞 바다는 요동쳤고 태양은 빛을 잃었다
>
> 십 센티미터 앞도 보이지 않는 흑암 속
> 모두 깁우 '세월'의 두꺼운 철벽에 갇혀
> 바다 밑으로 침몰하는 순간
> 애오라지 눈 먼 한 길 꿈결에 움켜잡고
> 심장으로 부르는 마지막 절규
> 엄마—!

저 먼저 도망칠 길 막힐까 선실에 아이들 가둬 놓고
“꼼짝 마!”
악마의 미소 숨긴 채 속옷 바람으로 빼소니 친 선장
의 그 길은
마지막 수업 시간에 가르치는
어른들만의 길인가요

하늘도 땅도 통곡의 바다로 모인 이 잔인한 4월엔
꿈결 밖에는 길이 없는 건가요
꿈결이라도 좋으니 돌아오라는 말 대신
보이지 않는 길을 열어주세요

바닷물에 번져가는 이름
한 사람 한 사람 출석 불러주세요
선생님……

—「마지막 수업」 전문

아마도 우리 근현대사에서 가장 커다란 비극 가운데 하나로 각인될 ‘세월호 참사’ 현장을 담은 이 시편은, 신표균 시인이 얼마나 곡진한 생명 존중의 마음을 가지고 있는지를 실감 있게 전해준다. 바다가 요동치고 태양도 빛을 잃은 그날, "슬픈 별들"은 모두 바다로 쏟아졌다. 바다의 깊은 어둠은 "심장으로 부르는 마지막 절규"를 안고 침몰해갔다. 그 절규 역시 우리가 들을 수 있고 재현할 수 있는 '가장 긴 말'이 아닐 수 없을 것이다. 차가운 바다속에 어린 학생들을 남겨놓고 저 먼저 도망친 선장의 길은 "마지막 수업 시간에 가르치는/어른들만의 길"이 아니었던가. 이때 시인은 "하늘도 땅도 통곡의 바다로 모인 이 잔인한 4월"에 "보이지 않는 길"을 열어달라고 상상적 절규를 한다. 이렇게 시인의 마음이 '호스피스'나 '세월호'를 향할 때 우리는 서정시가 개인적 재귀성과 함께 공동체적 상처와 아픔에 동참하는 빛나는 사례를 만나게 된다. 그야말로 숨 가쁘게 "돌지 않고는/비틀거리거나 넘어질 수밖에 없는"(「팽이」) 세상에서 가장 따뜻한 생명 존중의 마음을 담아 보여줌으로써, 그러한 시대를 거슬러 오르는 역설逆說의 가치를 보여준 것이다.

대체로 실재하는 대상과 서정시의 관계는 '부즉불리不卽不離'의 원리에 놓인다. 이는 사물을 그대로 재현하는 것도 아니고 그것과 외따루 떨어져 있는 것도 아니라는 뜻이다. 그것은 사물의 의상意象이 고유한 깊이를 드러내면서 동시에 시인 자신의 성정性情이 그대로 반영되는 과정을 뜻한다. 그래서 깊은 사람이 사물에 대해 본 바는 역시 깊고, 얕은 사람이 사물에 대해 본 바 또한 얕다는 원리가 도출된다. 따라서 자기 소모적 열정으로 가득찬 우리 시대에, 신표균 시인의 이러한 깊고도 따뜻한 시선과 성정을 바라본다는 것은, 대상과 마음의 부즉불리의 기율을 잘 지켜간 실례를 마주하는 것과 크게 다르지 않을 것이다. 신표균 시편들을 읽는 또 다른 즐거움 가운데 하나가 아닐 수 없다.

4.

한 편의 서정시에는 시인 자신이 겪은 절실한 경험과 깨달음은 물론, 시적 대상을 향한 시인의 한없는 그리움이 압축되어 담겨 있는 경우가 많다. 그리고 우리는 이러한 시인의 각별한 경험과 그리움을 통해 자신의 삶을 반추해보기도 하고, 새로운 세계에 대한 간접 경험을 풍요롭게 만들기도 한다. 우리는 이번 시집을 통해 신표균 시편들이 시적 대상을 향한 한없는 '그리움'을 가진 채 씌어졌다는 점을 어렵지 않게 발견하게 된다. 말할 것도 없이, 이는 자신의 존재론적 기원으로 끊임없이 회귀하려는 강한 열망을 드러낸다는 점에서 주목된다. 그래서 시인의 '그리움'은 자신의 가장 원형적인 상像을 담은 채 나타나게 되는 것이다.

그리움의 거리 말인가

쓸려가는 파도에 실어보내면

밀물로 가늠해서 돌아올는지

포말이 잦아든 자리

파도는 다시 철썩이고

얼마나 더 그리워해야

그 그리움 끝 다다를 수 있을는지

—「그립다는 말의 거리」 전문

"그리움의 거리"란 과연 무엇일까. 아마도 그것은 '그리움' 자체의 거리를 뜻하는 것이 아니라, "그립다는 말"의 거리를 함의하는 것일 터이다. 숱한 파도에 실려 갔다가 다시 밀물로 돌아올 때의 그 "포말이 잦아든 자리"가, 말하자면 '그리움'이 발원하고 귀환하는 곳이다. 그리고 더 많은 파도의 철썩임이 축적될 때 가 닿을 수 있는 거리가 바로 '그리움'의 "끝"일 것이다. 그러한 "그립다는 말의 거리"를 사유하고 표현하는 시인의 모습에서 우리는 "그리움과 거리는 비례한다는 믿음으로"(「슈퍼 문 바라보네 아득한 그 길」) 시를 써가는 시인의 마음을 따뜻하게 만져볼 수 있게 된다.

> 길 속에 그리움이 있다는 믿음
> 시가 가르쳐주었지
>
> 길 따라 가면 그 그리움 만날 수 있을까
>
> 시 안에 길이 있다는 것
> 그리움이 가르쳐주었지
>
> 그리움 따라 가다보면 시를 만날 수 있을까
>
> 그리움에 이끌려 사람들 길 떠나지만
> 막다른 길 다다라서야 '길 없음'에 놀라지
>
> 아니야, 이제는 신호등 대신 이정표를 세우는 거야
> 시도, 길도, 그냥 '그리움'이라고
>
> —「시와 길과 그리움의 셈법」 전문

이 시편은 '그리움'이라는 정서적 충동과 지향이 '시'의 더없이 중요한 "셈법"임을 알려준다. 그렇게 '시'는 "길 속에 그리움이 있다는 믿음"과 "길 따라 가면 그 그리움 만날 수 있을" 가능성을 동시에 가르쳐준다. 하지만 어떻게 생각하면 "시 안에 길이 있다는 것"은 역으로 "그리움"이 가르쳐준 것이기도 하다. 그러니 "시=길=그리움"의 연쇄적 등식이 성립하게 되고, 나아가 "그리움 따라 가다 보면 시를 만날 수" 있을 것이고, 우리는 "그리움"의 끝에 비록 "막다른 길"이 있다 하더라도 '그리움'이라는 "이정표"를 통해 "시도, 길도, 그냥 '그리움'이라고" 말할 수 있게 되는 것이다. 그러니 "기다림/그리움/슬픔/기쁨/간절함"(「'ㅁ'」)은 모두 존재론적으로 등가였던 셈이다. 이러한 산법算法을 통해 신표균 시인은 "가슴에 묻힌 사람"(「기억」)에 대한 기억을 형상화하고, 지나간 시간에 대한 "닿을 수 없는/그만큼의 간격"(「혼자서 걸어가는 달」)을 그리움으로 채워가는 것이다.

우리가 읽은 신표균 시학의 정서적 핵심인 '그리움'은, 어떤 운명적 시간을 포착하여 그것을 오랜 기억으로 치환하는 서정시 특유의 기율 가운데 하나이다. 이는 현실적 시간에서 벗어나 자신이 고유하게 경험했던 시간으로 귀환하려는 의지가 뚜렷이 반영된 것이기도 하다. 따로 떨어져 있던 사물과 사물 사이에 유추적 연관성이 놓일 수 있는 것도 이러한 '그리움'의 매개가 작용하기 때문일 것이다. 신표균 시학은 이러한 '그리움'의 서정을 빼어나게 보여주는 우리 시대의 고전이다. 그리고 우리도 그의 '그리움'을 통해 존재론적 슬픔과 아름다움을 회복하게 된다.

5.

마지막으로 신표균 시인의 시적 적공은 '시' 자체를 향한다. 시인은 이번 시집을 통해 다양한 '시'의 풍경을 길어 올리는데, 그 풍경 속에서 자신의 시적 지향이 어떠해야 하는가를 메타적으로 상상하고 추구하고 있는 것이다. 말하자면 실로 다채로운 풍경들을 시적으로 수습하면서, 그는 '시'에 대한 자의식을 적극 드러낸다. 이때 '시'는 시인 스스로를 드러내는 가장 중요하고도 직접적인 언어예술이 되고, '시인'은 언어적 자의식으로 충만한 예술적 장인匠人으로 거듭난다. 다시 말하면 그의 시편 안에는 언어의 도구적 기능을 넘어 '언어 자체'에 대하여 사유하고 표현하는 '시인'으로서의 자의식이 줄곧 나타나게 되는 것이다.

연둣빛 물든 가랑비도 그쳤다
온종일 신명났던 목탁
비에 젖은 연등마냥 기운 빠져
이마에 땀 식히고 있는
산사,
능선 따라 조용조용
저녁이 내려와 앉는다

요사채 뒤편 뜨락
비구니 스님 장독 덮는 소리
저녁 안개 속에 얼굴 묻을 즈음
산새들 조잘거림 잎새들 수다
함께 재운 풍경이
숨 멎은 절 마당 내려다보고 있다

법당 촛농방울 세고 계시던
부처님, 깜빡 졸음에
대웅전두 잠에 빠져
촛불 홀로 졸리는 눈 껌뻑이며
산사를 지킨다

—「저녁 산사山寺」 전문

신표균 시인이 그려낸 저녁 산사의 풍경은, 고즈넉한 고요와 침묵이 온갖 사물들을 감싼 모습을 취하고 있다. 그 '고요와 침묵'의 방법론이야말로, 앞으로 신표균 시학이 더욱 점증漸增해갈 기율이 아닐까 생각해본다. 그만큼 시인에게 '가장 긴 말'은, 고요 혹은 침묵 그 자체일 것이다. 초록을 적시던 가랑비도 그치고 목탁 소리도 잦아든 산사, "능선 따라 조용조용" 내려앉는 저녁이 미세한 감각처럼 다가온다. "요사채 뒤편 뜨락"에서 들리는 "비구니 스님 장독 덮는 소리"는 들릴 듯 말 듯하고, "산새들 조잘거림"이나 "잎새들 수다"도 모두 '고요'의 다른 이름들로 호명된 것일 터이다. 그렇게 "숨 멎은 절 마당"에서, 시인의 시선에는 "부처님, 깜빡 졸음"과 함께 홀로 산사를 지키는 외로운 '촛불'만 남게 된다. "불심佛心이 활짝 익으면/괜시리 차 마시고 베개 괼 일 있을까"(「국화꽃을 따며」) 하던 시인은, 그 불심이 고요하게 지펴진 저녁 산사에서, 그리고 그 고요의 극치를 통해서, 풍경이 '시'가 되어가는 지경을 상상하는 것이다.

잎 떨군 나무
곡기 끊은 여윈 억새
가시바람에 소름 돋는 저문 계절에
하늘은 밤새워 새 꽃을 피운다

철 따라 피어나던 자랑
철 없이 피어나던 시샘
모두 자취 감춘 그곳에
천지의 생령들 숨어 만나
높은 산 낮은 들 차별 없이
점점분분 정령의 꽃 피우고 또 피운다
조릿대 늘 푸른 잎에 묻은 작은 허물 덮어주고
천년 주목 갈라진 명에 켜켜이 틈새 메워
눈부신 야회복 하늘 아래 벗어 놓는 날
핑크빛 수줍은 유혹인들 저만치 고울까

—「저문 계절 하늘은 꽃피우고」 전문

시인 스스로의 실존적 고백이 담긴 이 시편은, 잎 떨구고 곡기 끊은 "저문 계절"에도 불구하고 여전히 밤새워 "새 꽃"을 피워내는 하늘을 상상하는 시간을 담고 있다. 온갖 자랑과 시샘을 지난 곳에서 "천지의 생령들"이 만나 차별 없이 정령의 꽃을 피우고 있는 이 풍경은, 그 자체로 '시'가 수행하는 신생의 작업을 은유한다. 작은 허물은 덮어주면서 수줍은 유혹으로 물들어가는 이 "저문 계절"에, 이처럼 눈부시게 새로워지는 새로운 풍경은, "시가 음악을 사랑하여/시월이 태어나는"(「하늘도 가을엔 저녁노을 한 장에 편지를 쓴다」) 과정을 비유적으로 함축하면서, 신표균 시인으로 하여금 스스로 "나의 영토는 본디/하늘 덮고도 자투리가 남았지"(「조각보」)라는 자긍을 가지게 하는 것이다.

파도인 듯
섬인 듯
바다를 조각한 점 하나 어렴풋하다

애기 눈썹 같은 비늘 반짝이는 햇살 아래
교향곡이었다가 휘몰이장단이었다가
파도의 음률에 맞춰 춤추는 멸치 떼

흔들리는 몸 은파 리듬으로 가누며
한 발짝 한 발짝
음표 따라 박자 맞추어 노 찍는 사공
찍히는 자국마다 묻히는 물길로
제 몸 스스로 조율하는 거룻배 한 척

나침반 없이도
뱃전에 부서지는 금빛 파도 가르며
먼 바다 그 너머 하얀 뱃길을 낸다

—「하얀 뱃길」 전문

'바다'를 조각한 점 하나는 '파도'로도 보이고 '섬'으로도 보인다. "애기 눈썹 같은 비늘 반짝이는 햇살 아래" 마치 '교향곡'이나 '휘몰이장단'처럼 음악이 되어 살아나는 바다는, 그 자체로 '시'의 은유적 현장으로 다가온다. 나아가 "파도의 음률"이나 "흔들리는 몸 은파 리듬"을 따라 "박자 맞추어" 나아가다 물길을 따라 "제 몸 스스로 조율하는 거룻배 한 척"은, '시인'의 존재론을 은유하는 상관물이 된다. 따라서 "먼 바다 그 너머 하얀 뱃길"은, 마치 '가장 긴 말'처럼, "백팔 배를 드리고"(「흰 고무신을 보면」)서야 비로소 맑아지는 어떤 정신처럼, 시인을 가장 높은 경지로 옮아가게 하는 어떤 과정 혹은 상황을 함축적으로 비유하는 것이다. 시인은 그 '하얀 뱃길'을 스스로 조율하면서 가고 있는 거룻배 한 척이 되어, 오늘도 시를 쓰는 것이다.

우리가 잘 알고 있듯이, 서정시는 시간에 대한 남다른 경험을 통해 기억을 재구성하는 양식적 특수성을 지닌다. 그만큼 서정시는 기억과 그리움의 양상을 근원적으로 다루게 되고, 우리는 서정시가 수행하는 기억과 그리움의 원리를 따라 삶의 어떤 근원에 대한 상상적 경험을 치르게 된다. 그 점에서 신표균 시편들은 기억과 그리움을 주조로

하는 언어를 통해 우리로 하여금 가장 근원적인 삶의 이치를 밀도 있게 경험케 하는 미학적 실재이다. 시인이 그려 보여주는 기억의 지도地圖를 따라 우리는 때로는 서정성 짙은 회상과 기억의 양상을 때로는 그에 대한 강렬한 그리움을 경험할 수 있을 것이다. 그때 비로소 우리는 신표균 시학의 정수精髓를 느끼면서, 시인이 일일이 '그리움' 으로 호명하고 있는 심미적 기원들을 온전하게 만나게 된다. 그리고 '그리움' 으로 발화하는 '가장 긴 말' 을 따라, 흔연히 시인의 '그리움' 에 동참하게 되는 것이다.

이 도서의 국립중앙도서관 출판시도서목록(CIP)은 e-CIP 홈페이지(http://www.nl.go.kr/ecip)에서 이용하실 수 있습니다.
(CIP 제어번호 : CIP2014027691)

가장 긴 말

글쓴이 / 신표균
펴낸이 / 孫貞順
펴낸곳 / 모아드림

1판 1쇄 / 2014년 10월 15일

서울 서대문구 북아현3동 1-1278
전화 / 365-8111~2
팩시밀리 / 365-8110
E-mail / morebook@morebook.co.kr
http://www.morebook.co.kr
등록번호 / 제2-2264호(1996.10.24)

ISBN 978-89-5664-169-0 03810

* 잘못된 책은 구입하신 서점에서 바꾸어 드립니다.
* 지은이와의 협의하에 인지를 붙이지 않습니다.

값 9,000원